Michael Felske

Die Bremer Stadtmusikanten

Grimms Märchen für das Spiel mit großer Handpuppe

Bibliografische Information der Deutschen Nationalbibliothek:
Die Deutsche Nationalbibliothek verzeichnet diese Publikation in der Deutschen Nationalbibliografie; detaillierte bibliografische Daten sind im Internet über http://dnb.dnb.de abrufbar.

© 2017 **Michael Felske**

Fotos: **Adrian Felske (Titel), Michael Felske, Franka Felske**

Herstellung und Verlag: BoD – Books on Demand, Norderstedt

ISBN: 978-3-746048741

Auf dem Buchumschlag und im Buch selbst sind Puppen folgender Marke abgebildet: Living Puppets ® / Matthies Spielprodukte GmbH & Co. KG – 21033 Hamburg.

Inhaltsverzeichnis

Vorwort

Professionelles Puppenspiel für Kinder und Jugendliche war lange Jahre mein Beruf. Mit meinem eigenen Theater zog ich durch die Lande und unterhielt meine Zuschauer auch mit pädagogischen Themen. Mittlerweile haben mich Märchen total in ihren Bann geschlagen. Diese traditionellen Geschichten sind für kleine und große Leute toll. Märchen tun aber auch Senioren richtig gut. Insbesondere gerade dann, wenn gesundheitliche Einschränkungen die Teilhabe am normalen Alltag nicht mehr zulassen. Da ich mich seit längerer Zeit mit Demenzerkrankung befasse, weiß ich, dass man mit Puppenspiel auch diese kranken Menschen erreichen kann. Märchen sind Bestandteil ihrer Vergangenheit. Märchen mit großer Handpuppe zu erzählen, ermöglicht eine Aktivierung, die im Rahmen der Pflege und Fürsorge gewollt und gewünscht ist. Die Geschichte von den Bremer Stadtmusikanten eignet sich prima für eine Aufführung/Erzählung für Senioren. Doch bevor es mit dem Märchen losgeht erfahren Sie noch eine ganze Menge über das Puppenspiel. Viel Freude beim Lesen, Proben und erst recht beim Spielen wünscht Ihnen

Michael Felske

Die Erzähl-Situation
Puppen, Bekleidung, Hintergrund und Technik

Große Handpuppen

 Mit Handpuppen sind in diesem Zusammenhang nicht die Figuren gemeint, die Sie von den Kasperlevorstellungen aus Ihren Kindertagen kennen. Sicherlich können Sie mit Figuren dieser Größe auch etwas bewirken, sie spielen aber an dieser Stelle keine Rolle. Der Sache auf die Spur kommen Sie, wenn Sie an Ernie, Bert und Krümelmonster aus einer beliebten Kinder-TV-Show denken. Bei diesen Gesellen handelt es sich um größere Klappmaulfiguren, die – wie es die Bezeichnung sagt – beim Sprechen ihren Mund bewegen können.

Große Handpuppen im Zusammenhang mit der 10-Minuten-Aktivierung sind ebensolche Klappmaulfiguren, ca. 60 cm groß mit spielbaren Händen. Die Größe im Vergleich zum Menschen erkennen Sie unschwer auf dem Foto oben. Bezugsquellen für große Handpuppen finden Sie im letzten Kapitel.

Für Sie als SpielerIn sieht der Einstieg wie folgt aus: Puppe kaufen, Puppe kennen lernen, Soziogramm für Puppe erstellen und proben, proben, proben…

Bekleidung der SpielerIn

Generell gilt: In besonderen Situationen tragen Menschen besondere Kleidung, die sich von der Alltagskleidung erheblich unterscheiden sollte. Bestes Beispiel sind die Vorstellungsgespräche, die man ja nicht im pinken Fleecepulli wahrnimmt. Als Märchenerzähler oder -erzählerin bietet sich Ihnen zum Beispiel Mittelalterbekleidung an. Hier finden Sie im Internet ausreichend und vielfältige Möglichkeiten. Klar, dass Sie sich auch selber z.B. einen Umhang oder Mantel schneidern können - es darf auch gerne ein goldenes Bekleidungsstück sein. Ich selbst bevorzuge weite bequeme Mittelalterhemden mit Gürtel und dazu passende Hosen. Am Gürtel können Sie zusätzlich die Erzählung unterstützende Requisiten befestigen.

Für die 10-Minuten-Aktivierung müssen Sie sich aus meiner Sicht nicht unbedingt in die schicke Theaterrobe werfen. Allerdings finde ich es prima, wenn Sie als Pfleger oder BetreuerIn nicht gerade im weißen Kittel mit Puppe auf dem Arm vor Ihrem Aktivierungs-Kandidaten aufkreuzen. Es fällt niemandem schwer gerade für diesen Zweck ein Bekleidungsstück zu wählen, das sich wie oben beschrieben von der Alltagskleidung abhebt. Die Menschen, die Sie aktivieren möchten, erkennen auch dadurch, dass etwas Besonderes passiert. Das hebt die Spannung und macht Ihnen deshalb auch noch den Einstieg leichter.

Brauchen Sie einen Hintergrund?

Sollten Sie den Versuch wagen und eine Veranstaltung mit mehreren Menschen als Publikum anbieten zu wollen, dann müssen Sie über einen
möglichen Hintergrund nachdenken. In der Regel
befinden Sie sich in einer echten Eins-zu-Eins-
Situation in der Aktivierung und benötigen diesen nicht. Dennoch möchte ich Ihnen meine Erfah-
rungen dazu an dieser Stelle gerne weitergeben.

In mehr als zehn Jahren Veranstaltungs- und
Spielerfahrung als Berufspuppenspieler und
Unterhaltungskünstler habe ich Spielstätten und
Veranstaltungsorte kennen gelernt, die unter-
schiedlicher nicht sein können. Von der Küche
einer Kindertagesstätte über das Internationale
Congress Centrum Berlin bis zum Olympiastadion
war alles dabei. Absolute Flexibilität war hier
ständig gefragt.

Bei bisweilen furchtbaren Umständen half mir
stets ein kräftiges auf drei Meter ausfahrbares
Stativ mit Fangmaul oben, das eine (Zelt-) Stange von bis zu vier Metern Breite fassen konnte.
Die Stange war in der Breite variabel und trug
einen schwarzen Hintergrundstoff von bis drei
Metern Höhe. Somit war ich stets für alle Even-
tualitäten gerüstet und konnte so meinen Hintergrund an die jeweiligen Räumlichkeiten anpassen.
So ganz nebenbei, und das war ja mein Hauptan-
sinnen, sah es immer chic und ordentlich aus.
Gestapelte Stühle, Turn-Utensilien und was auch
immer die Räume so an Vielfalt boten, verschwan-
den hinter meinen Stoff.

Bei Auftritten im Rahmen der 10-Minuten-Aktivierung brauchen Sie ja keine große Bühne wie ich früher. Dennoch empfehle ich Ihnen gerade auch für das Erzählen von Märchen ein Hintergrundsystem, das eigentlich für Fotografen gedacht ist. Es besteht aus zwei Stativen und einer Querstange/Traverse sowie den passenden Stoffen in drei Farben. Grün und weiß können Sie sicherlich für manche Fotoaufnahmen verwenden, der schwarze Stoff erfüllt genau den Zweck wie mein Theaterhintergrund früher. Die Kosten liegen bei bis zu 30 EURO – einfach mal bei Kleinanzeigenportalen nachschauen oder eine Suchmaschine befragen. Auch wenn Sie die Kontaktnähe zu Ihren Zuhörern halten, sich im Raum bewegen und auf sie zugehen – sie vielleicht sogar der jeweiligen Geschichte entsprechend berühren – ein aufgestellter Hintergrund ist aus meiner Sicht stets von Vorteil. Schließlich können Sie dahinter Ihre persönlichen Dinge verschwinden lassen. Alternativ setzen Sie sich gleich zu Beginn vor Ihr Publikum und verzichten generell auf einen Hintergrund.

Zu den Dingen, die Sie durch ein Hintergrundsystem kaschieren können, zähle ich auch die Alltags-Bekleidung resp. Alltags-Oberbekleidung.

Einsatz von Bühnentechnik

Haben Sie schöne Bühnenbekleidung und eine Puppe, die mit Ihnen die Aktivierung durchführt, dann ist es ganz besonders für den Anfang wichtig, dass Sie auch von allen gut gesehen werden. Sorgen Sie entweder für gute Beleuchtung im ganzen Raum oder nutzen Sie eigene Leuchten. Professionelle Bühnenscheinwerfer sind unheimlich teuer und für Sie nicht unbedingt erforderlich. Zur Beleuchtung reichen zwei Fotolampen mit Stativen meiner Erfahrung nach völlig aus. Investieren müssen Sie sicherlich bis zu 40 EURO, liegen damit aber bestimmt noch im schmerzfreien Bereich. Beachten Sie bitte die Sicherheit bei der Verlegung von Kabeln und der Aufstellung von Kabeltrommel und Mehrfachsteckdosen!

Puppen-Soziogramm erstellen

Sie erschaffen eine echte Persönlichkeit

Sie werden die Sprache und Stimmlage Ihrer großen Handpuppe trainieren bis das Ergebnis sich hören lassen kann. Sie werden Gestik und Mimik proben bis sich das Ergebnis sehen lassen kann. Doch woher kommt bei alledem eigentlich Ihre Schlagfertigkeit? Die werden Sie nämlich brauchen. Wenn Sie bereits Kontakt zu Demenzkranken haben, dann wissen Sie ganz genau, dass Schlag-

11

fertigkeit bei manchen ungewöhnlichen Antworten erforderlich sein wird. Besonders schwierig kommt hinzu, dass Ihre schlagfertigen Antworten unbedingt wertschätzend und zielführend bleiben müssen. „Frei Schnauze" wie vielleicht persönlich und privat tausendfach gelebt, kann keine Kommunikation im Rahmen der 10-Minuten-Aktivierung von Demenzkranken geführt werden. „Viele schlaue Worte. Doch wie soll das denn sonst funktionieren?" werden Sie jetzt vielleicht denken.

Die Antwort darauf ist recht einfach: Sie brauchen für Ihre Puppe unbedingt ein Soziogramm und eine Biografie. Aus diesen heraus werden Sie mit der Puppe fragen, antworten und erklären. Doch was bitte ist eigentlich ein Soziogramm? Wikipedia weiß dazu das: „Ein Soziogramm (lat. socius „Genosse", „Gefährte" und altgr. γράμμα grámma „Zeichen") ist die graphische Darstellung der Beziehungen in einer Gruppe, etwa in einer Schulklasse oder in einem Unternehmen. Diese Methode wurde von Jacob Levy Moreno entwickelt." In unserem gemeinsamen Arbeitszusammenhang brauchen wir sogar noch etwas mehr als das – Wir brauchen eine echte Persönlichkeit mit den sozialen Strukturen aus einem Soziogramm.

 Nun ist es an der Zeit Ihre Puppe aus dem Versandkarton zu heben und mit ihr in Kontakt zu treten. Sie brauchen dann noch einen Notizblock und etwas zu schreiben. Am Beispiel meiner Puppe Kalle oben im Bild erläutere ich Ihnen gerne, worum es ab sofort geht. Führen Sie Ihre rechte oder linke Hand in das Maul der Figur und probieren Sie mit Ihrer Puppe zu sprechen. Bewegen Sie den Kopf in Ihre Richtung und schauen Sie sich selbst mit Ihrer Puppe an. Jetzt beginnt Ihre eigentliche Arbeit. Fragen Sie sich, welchen Namen Ihre Puppe haben soll. Verlassen Sie sich dabei ein bisschen auf Ihr Bauchgefühl. Der Puppenname muss Ihnen gefallen, muss aber vor allem zur Puppe passen. Ein Beispiel: Meine erste Puppe habe ich „Kalle" genannt. Das habe ich für Kalle festgelegt:

 *Kalle ist zehn Jahre alt, Einzelkind, unternehmungslustig und stammt aus Berlin-Kreuzberg. In seinem jungen Alter hat er gemeinsam mit seinem Freund Atze bereits eine Menge erlebt. Er kennt zahlreiche andere Nationen und rund um den Viktoriapark auf dem Kreuzberg jeden Winkel. Sein größter Traum ist es endlich einmal in Urlaub zu fahren. Seine Eltern konnten es sich dies bisher nicht leisten. Der Vater ist Busfahrer, die Mutter arbeitet im Lebensmittelhandel. Außer Kalle und seinen Eltern lebt noch der vorwitzige Hund „Micki" mit im Haushalt.*

Gassi-Gehen übernimmt meist Kalle, da er so oft aus der Wohnung raus kommt. Wenn Kalle von anderen Menschen angesprochen wird, bleibt er meist freundlich, kann aber auch rasch sauer werden. Seine Berliner Schnauze ist dabei immer sprichwörtlich. Kalle mag Schokoladeneis, seine Klassenkameradin Maria aus der Nachbarschaft, Fahrradfahren, Fußball und Federball mit Maria. Gemeinsam mit Kumpel Atze gehört Kalle zu einer größeren Gruppe Kinder, die sich oft auf dem Spielplatz auf dem Kreuzberg treffen. Da Kalle um die Ecke wohnt und sich sicher und eigenständig als Fußgänger im Straßenverkehr bewegen kann, darf er alleine in den Park – es trennt Ihn davon nur ein Fußgängerüberweg mit Ampel. Die bestehende Kindergruppe ist relativ fest, wer dazu kommen möchte, muss eine Mutprobe überstehen. Kalle hat diese Prüfung auch geschafft – bloß verrät er bis heute nicht, was seine Aufgabe war. (Ich befürchte immer noch das Schlimmste.) Wenn Onkels und Tanten zu Besuch kommen, freut er sich auf die kleinen Geschenke. Ganz besonders hingerissen ist er von Schokolade und Gummibärchen. Großmutter und Großvater väterlicherseits sind bereits verstorben, die beiden anderen leben in Hessen. Deshalb telefoniert Kalle ab und zu mal mit ihnen, sieht sie aber selten – meist zu Weihnachten, wenn Papa nicht arbeiten muss. Seinen Busenfreund Atze sieht er jeden Tag in der Schule und immer nach den Hausaufgaben. Die haben beide immer schnell erledigt, denn „wozu muss ich alles daheim machen, wenn ich die schwierigen Sachen auch noch mor-

gens in der Schule von anderen Schülern ab-
schreiben kann", meint Kalle dazu. Atze sieht
diesen Sachverhalt ebenso. Wie immer sich beide
auch bei diesem Thema einig.

Soweit erst einmal. Wie Sie lesen, brauchen Sie die Persönlichkeitsmerkmale Ihrer Puppe. Dann, und nur dann sind Sie völlig frei in der Ausgestaltung Ihrer Veranstaltung! Als Kalle kann ich über Essen, Freizeit, Mädchen, Schule, Eltern, Wohnen, Autos, Süßigkeiten, Lehrer, Nachbarn, Hobbies und noch vieles mehr reden, wenn es sein muss ohne Pause. Mit diesem Reservoir an Themen, mit diesem Sprachvorrat parlieren und aktivieren Sie perfekt. Doch jetzt bloß nicht denken „Das schaffe ich nie!". Sie fangen klein an, legen den Namen fest und schreiben Ihrer Puppe Persönlichkeitsmerkmale zu. Langsam, ganz langsam und bedächtig gehen Sie dabei bitte vor. Spielen Sie ein bisschen „Lieber Gott" und erschaffen Sie ein „Lebewesen" mit sozialen Strukturen (Verwandte/Freunde, Feinde), Eigenschaften (artig/frech/liebenswert…)usw. Das schreiben Sie sich alles in Ihren Notizblock. Da Sie ja die Puppe noch auf der Hand haben (sollten), können Sie ja ganz einfach zum Thema erste Übungen machen. Die passende Stimme für Ihre Handpuppe trainieren Sie erst im kommenden Kapitel, aber so Fragen wie „Wie heißt dein Freund?" oder „Was für Süßigkeiten magst Du am Liebsten?" dürfen Sie Ihrer Puppe schon jetzt stellen. Die sollte die Puppe dann auch beantworten können.

Na? Ausprobiert? Geht doch. Sie merken schon: Übung ist hierbei alles, der Rest kaum etwas. Was Ihnen jetzt noch zum Puppenglück fehlt, ist die passenden Stimme. Denn den Namen haben Sie ja bereits.

Sprache und Stimmlagen
Es muss perfekt zur Figur passen

 Erinnern Sie sich bitte einfach einmal zurück an Ihre Kindheit! Was hat Ihnen beim Zuhören einer vorgelesenen Geschichte besser gefallen – der stets gleichmäßige Klang der Stimme von Mutti oder Vati – egal ob Wolf oder Großmutter sprechen – oder die Version von Onkel Oskar, der dem Wolf eine furchterregende Stimmcouleur verpasst hat, die Ihnen beinahe das Blut in den Adern hat gefrieren lassen? Na? Spannender war es doch eng an den Onkel gekuschelt das Schaudern und den Grusel der Geschichte zu überstehen und mit zu fiebern wie es denn am Schluss ausgeht, stimmt´s.

Genau diese Erkenntnis führt uns für Ihre Karriere als Handpuppenspielerin oder Handpuppenspieler auf die richtige Fährte. Wollen Sie Ihre Zuhörer fesseln und überzeugend wirken? Die Antwort lautet ganz bestimmt ja! Richtig und dennoch schade. Denn Sie können jetzt noch nicht ungeduldig weiterblättern und sofort mit Ihren Texten loslegen. Sie brauchen auch hinsichtlich

Stimme und Stimmlage einige Vorbereitungen, denn beides muss immer zu der Puppe passen.

Also: Bitte legen Sie JETZT das Büchlein zur Seite, stehen Sie auf, gehen Sie von mir aus im Zimmer hin und her und überlegen Sie, welche Stimme Sie Ihrer Handpuppe leihen wollen. Da diese sich am meisten von Ihrer Stimme unterscheidet, wird dieses Vorgehen für Sie sicherlich am einfachsten sein. Probieren Sie aufrecht im Stehen, denn dann ist die Luftstütze für die Power in Ihrer Stimme am kräftigsten. Bei den verschiedenen Stimmen, die Sie gerade ausprobieren, hilft es Ihnen in die Rolle/das Soziogramm Ihrer Handpuppe zu schlüpfen. Seien Sie böse, hinterhältig und gemein. Sprechen Sie liebevoll und ausgesprochen freundlich. Erarbeiten Sie sich die Gefühle möglichst genau, denn so kommen Sie bestimmt schnell ans Ziel und finden neben Stimmlage auch die Stimmfärbung.

Wenn Sie die richtige Stimmlage für Ihre Puppe gefunden haben, dann üben Sie schnelle Wechsel von Ihrer eigenen Stimme zu der der Puppe. Ideal ist es, wenn Sie mit Ihrem Training bis zu einem Streitgespräch mit raschen Wechseln zwischen Ihnen beiden kommen. Nur dann sind Sie sicher und wirklich sattelfest!

Achten Sie bitte bei allen Übungen auf die Gesundheit Ihrer Stimme! Nun, denke ich, haben wir die wichtigsten Sachen bedacht: Es kann losgehen!

Mit der Puppe proben
Einführung in das Spiel mit großen Handpuppen

Sicherlich ist Ihnen aufgefallen, dass die Hände Ihrer Puppe wie schlabbrige Handschuhe am Ende der Arme herum baumeln. Das hat einfache zwei Gründe: 1. Ihre Hand ist noch nicht in der Puppenhand und 2. Die andere Hand ist noch nicht mit Füllmaterial ausgestopft. Also: entscheiden Sie mit welcher Hand Sie den Kopf spielen. Dann wissen Sie auch, welche Hand die Puppenhand führt. Füllen Sie die übrig gebliebene andere Hand mit Füllwatte oder anderem Material das aber – Achtung – waschbar sein muss. Schließlich wird die Zeit auch Ihrer Puppe mitspielen und einen Waschvorgang erforderlich machen. Achten Sie dabei auf die Herstellerangaben zu diesem Thema. Wenn Sie die Befüllung erledigt haben, geht es jetzt los!

Wo wohnt eigentlich Ihre Puppe?

Tcha, jetzt lächeln Sie vielleicht. Aber auf diese Frage müssen Sie wirklich gefasst sein. Nun haben Sie zwei Möglichkeiten: 1. Sie denken sich eine Antwort wie z.B. „Bei mir im Haus. Da hat sie ein eigenes Zimmer" aus oder 2. Sie erschaffen einen Wohnort. Das kann ein passender Koffer sein – vielleicht finden Sie auch eine Tasche oder eine Kiste, die mit Stoff oben verschlossen ist. Dieses Behältnis nehmen Sie mit zum Auftritt, fischen Ihre Puppe heraus und beginnen Ihren Auftritt so. Das erspart Ihnen verständliche Fragen ohne sinnvolle Antwort von Ihnen.

Synchrone Mundbewegung ist ein Muss

Im oberen Bereich der Schulter unter dem Hals befindet sich im Stoff der Puppe der „Eingang" für Ihre Führungshand des Puppenmauls. Den Zugang finden Sie schnell und schlüpfen leicht hinein - bloß bei enorm großen Händen werden Sie Unterstützung durch Ihre andere Hand benötigen. Setzen Sie Ihre Puppe auf Ihren Oberschenkel und bewegen Sie dann Daumen und Finger der Hand im Klappmaul. Der Daumen spielt den Unterkiefer, die vier Finge den Oberkiefer.

Gut bei dieser Übung ist es auch, wenn Sie einen Spiegel zur Hilfe nehmen. Dann können Sie besser beobachten was Sie gerade tun. Weiter vorn im Buch haben Sie gelesen, dass die Wirkung der Aktivierung mit großen Handpuppen sehr viel mit der realistischen Spielweise zu tun hat. Gerade bei den Mundbewegungen können Sie recht schnell viel falsch machen. Fest steht: Der Mund bewegt sich nur, wenn die Puppe spricht, Geräusche macht oder sich mimisch ausdrückt! Alles andere wirkt unrealistisch und fällt Ihrem Gegenüber sofort auf, da die Puppe genau beobachtet wird.

Versuchen Sie einmal die Buchstaben des Alphabets zu sprechen. Konzentrieren Sie sich dabei auf Ihren eigenen Mund – Wie bewegen sich die Lippen? – Wie formen sie sich bei welchem Buchstaben? – und üben Sie diese Bewegungen mit Ihrer Puppe nachzumachen. Im nächsten Schritt versuchen Sie ganze Sätze. Nehmen Sie ruhig zuerst einfache Kennenlernsätze. „Ich bin sechs Jahre alt – und Du?", „Wie heißt Du?" oder „Das kann ich auch!"

Wenn Sie eine Videokamera besitzen oder jemanden kennen, der Sie beim Üben mit dem Handy aufnehmen kann, bringt Ihnen das sehr schnell Feedback. Wenn es Ihnen peinlich ist, bleiben Sie bei Ihrem Spiegel. Wenn nicht, ist es eine perfekte Übung für Ihre ersten Auftritte und Aktivierungsrunden bei Senioren.

Alternativ können Sie sich zu Übungszwecken einfach einem Partner oder einer Partnerin gegenüber setzen und munter irgendetwas drauflos plappern. Achten Sie dabei stets auf die Mundbewegung – Ihr Gegenüber hat den gleichen Auftrag und wird Sie alarmieren, wenn Sie dies vergessen. Der Mund wird übrigens weiter geöffnet, wenn die Puppe lauter wird oder sogar schreit. Probieren Sie das einmal aus: Für einige Menschen ist die Übertreibung der ideale Einstieg. Runterfahren auf normale Lautstärke und Maulöffnung können Sie ja immer noch. Wenn Ihnen das so richtig Spaß macht, dann befinden Sie sich bereits auf dem richtigen Weg. Was jetzt noch fehlt ist der richtige und passende Blickkontakt zum Gegenüber.

Blickkontakt ist wichtig

Wie bei Kommunikation zwischen Menschen ist der präzise Blickkontakt zwischen Puppe und Gegenüber ganz besonders wichtig. Schauen Sie mit der Puppe am anderen vorbei, wirkt das Gesprochene nicht oder nur ein wenig. Das Komplizierte am Blickkontakt ist: Sie sehen die Augen Ihrer Puppe nicht. Ihre Fingerspitzen sind gewissermaßen Ihre Augen, die immerhin die Richtung angeben. Da Ihr Handgelenk beim Spielen und Sprechen etwas nach untern abgeknickt ist, wird es Ihnen am Anfang etwas schwer fallen. Hier hilft wieder nur Übung.

Position der Figur

Wenn Ihre Puppe auf Ihrem Oberschenkel sitzt, dann achten Sie beim Spielen bitte auch darauf, dass sie sitzen bleibt und nicht, weil Sie aufgeregt spielen, plötzlich beginnt in der Luft zu schweben.

Bei Ansprache Ihres Gegenübers richtet sich der Körper der Puppe auch nach vorn – beim Erschrecken weicht er zurück. Die Puppe darf auch auf Ihrem Oberschenkel liegen, bei Überraschung oder Schreck einfach umfallen usw. Den zahlreichen

Möglichkeiten sind wirklich keine Grenzen gesetzt...

Bewegung der Puppenhand

Die spielbare Puppenhand ermöglicht Ihnen vieles. Sie können gestikulieren wie ein Mensch. Sie können zählen, die Puppenaugen bei Angst zuhalten, die Finger in den Mund nehmen oder einfach auch nur winken. Alles sind Möglichkeiten der Kontaktaufnahme resp. die Kommunikation zu unterstützen. Ausprobieren hilft Ihnen hier weiter.

Die Bremer Stadtmusikanten

Grimms Märchen für das Spiel mit großer Handpuppe

Anmerkungen: Ich habe mir einige Regieanweisungen für die große Handpuppe einfallen lassen. Es handelt sich dabei um meine Ideen und Vorstellungen wie die Puppe sich bezüglich Körpersprache und Mimik verhalten kann. Sie sind herzlich eingeladen eigene Ideen zu entwickeln und durch diese meine zu ergänzen oder zu ersetzen. Die Regieanweisungen sind *kursiv* gedruckt.

Spiel.: *(Puppe sitzt auf seinem/ihrem Unterarm, Ihre Hand befindet sich bereits in der Puppenhand, Sie treten auf und stellen sich vor das Publikum)*

Einen schönen guten Tag zusammen. Herzlich willkommen! Mein Name ist *(Name des Spiel.)* Ich habe Ihnen heute einen sehr guten Freund mitgebracht. Sein Name ist Puppe *(Name Ihrer Puppe)*! Und das hier ist er!

(zeigt mit der freien Hand auf Puppe)

Puppe: *(schaut ins Publikum, winkt allen zu)*

Hallo zusammen! Heute erzählen wir beide Euch ein spannendes Märchen. Es heißt: Die Bremer Stadtmusikanten.

Spiel.: *(setzt sich auf bereitgestellten Hocker o.ä., Puppe sitzt nun auf Oberschenkel)*

Und schon geht es los!

(Puppe schaut Spiel. an und nickt)

Es war einmal ein alter Esel. Der konnte nicht mehr so gut ziehen, weil er immer schwächer wurde.

Puppe: Und deshalb wollte sein Besitzer ihn loswerden. Da bekam der Esel Angst um sein Leben.

(steht auf, schreckt zurück, läuft auf Oberschenkel herum, hüpft auf anderen Oberschenkel)

Er büchste seinem Herren aus und flüchtete in Richtung Bremen.

Spiel.: Sein Plan war: In Bremen wollte er Stadtmusikant werden.

Puppe: Ja, Musik war sein Leben. Ihr wisst ja, dass die Esel dauernd singen oder?

(hier besteht die Möglichkeit einer einfachen aber plumpen Publikumsanimation: Iiii-Aaaaah können alle rufen, Sie entscheiden)

Auf dem Weg dorthin blieb er nicht lange alleine. Er traf einen Hund, der völlig außer Puste am Wegesrand lag.

Spiel.: „Was ist denn mit Dir los?", fragte der Esel. Und Pack-an, so hieß der Hund, erzählte ihm seine Geschichte.

Puppe: „Ich bin alt und werde immer langsamer. Weil ich bei der Jagd nicht mehr so gut rennen kann, wollte mich mein Herr totschlagen.

(Handbewegung für Schlagen)

Einfach so! Zum Glück bin ich gerade noch rechtzeitig abgehauen."

Spiel.: Und dann fragte er noch woher er jetzt sein Futter bekommen sollte. „Ich bin so hungrig", klagte Pack-an jämmerlich.

Puppe: Doch der Esel hatte einen Tipp. „Weißt Du was?", sagte er. „Geht doch mit nach Bremen. Da marschiere ich hin und werde dort Stadtmusikant. Komm´ mit! Ich spiele Gitarre und Du haust so richtig auf die Pauke."

Spiel.: Das gefiel dem Hund Pack-an und beide trabten weiter Richtung Bremen.

Puppe: (*läuft auf Oberschenkeln herum, bleibt dann stehen*)

Nach einigen Kilometern sahen sie eine Katze am Wegesrand sitzen. Sie sah ganz erbärmlich aus und hatte bitterlich geweint.

Spiel.: „Hallo Stubentiger! Was ist denn heute mit Dir los?", fragte der Esel.

Puppe: „Ach, ich bin alt und langsam. Meine Zähne sind stumpf und nicht mehr spitz. Deshalb klappt es mit dem Mäusefangen nicht mehr so wie früher."

Spiel.: „Ja und?", fragte der Hund. „Deshalb wollte mich mein Frauchen ertränken. Aber ich habe mich versteckt und bin dann weggelaufen", erzählte die Katze.

Puppe: „Klasse! Das hast Du richtig gut gemacht", freute sich der Esel.

Spiel.: „Na Du kannst lustig sein – ich weiß jetzt nicht wovon ich fressen soll", beklagte sich die Katze. „Ich bin so hungrig!"

Puppe: „Kein Problem! Komm´ mit uns nach Bremen. Wir machen dort Musik. Dafür werden wir schon etwas zu fressen bekommen", behauptete der Esel.

(setzt sich dann wieder auf Oberschen-kel)

Spiel.: Der Katze gefiel der Vorschlag. Nun wanderten sie zu dritt weiter. Dann kamen sie an einem Bauernhof vorbei.

Puppe: Auf dem Eingangstor saß ein Hahn. Er schrie und krähte so laut er konnte.

Spiel.: „Warum machst Du denn so einen Krach?", fragte der Esel.

Puppe: „So sag´ ich allen, dass es gutes Wetter gibt", berichtete der Hahn stolz. „Aber das mache ich nicht mehr lange."

Spiel.: „Warum denn?", fragte die Katze.

Puppe: „Morgen ist Sonntag. Da bekommen die Bauern Besuch. Für die Gäste soll die Köchin kochen."

Spiel.: "Hmmm, lecker", schmatzte der Hund. Er war ganz hungrig. „Was gibt es denn?"

Puppe: „Hühnersuppe und Hähnchenbraten.

(führt Hand zu Hals, macht schneidende Bewegungen)

Mir wollen sie heuten Abend den Kopf abschlagen. Deshalb schreie ich so, solange ich es noch kann", erklärte der Hahn.

Spiel.: „So ein Quatsch. Du kannst nicht hierbleiben. Komm mit uns nach Bremen: Dort werden wir Stadtmusikanten. Du musst hier weg. Ganz schnell", schnaubte der Hund.

Puppe: „Ja, los – etwas Besseres als den Tod findest Du überall", wusste der Esel.

Spiel.: „Ja, da hast Du recht", sagte der Hahn. Er war schnell überzeugt.

Puppe: *(steht auf, läuft auf Oberschenkel herum)*

Nun gingen sie alle Vier den Weg nach Bremen. Es war sehr weit. Deshalb mussten sie unterwegs in einem Wald übernachten.

Puppe: *(lehnt sich an Spiel. an, kuschelt)*

Sie machten es sich unter einem Baum bequem. Nur der Hahn flog hoch oben auf die Äste. Von dort hatte er die beste Aussicht.

Spiel.: Nach ein paar Minuten rief der Hahn, dass er in einiger Entfernung ein Licht sehen konnte.

Puppe: Alle vier hatten so richtig Hunger.

(reibt sich mit der Hand den Bauch)

Sie dachten dort bei dem Licht gebe es etwas zu essen für sie.

Spiel.: Deshalb trabten sie los und standen bald vor einem hell erleuchtetem Räuberhaus standen.

Puppe: *(steht, macht sich groß)*

Der Esel war der Größte. Er stellte sich vors Fenster und schaute rein.

Spiel.: „Und, was siehst Du?" fragte der Hahn.

Puppe: *(reibt sich wieder Bauch mit der Hand)*

„Traumhaft! Einen fein gedeckten Tisch mit saftigem Braten, Gemüse, Salat, Saft, Wasser und Wein. Einfach lecker! Hört Ihr meinen Magen knurren. Ich will da rein!"

Spiel.: „Und wer isst das alles?", fragte der Hund.

Puppe: *(weicht etwas zurück)*

"Ups – Echt finstere Gesellen. Die vier sehen aus wie Räuber", schätze der Esel.

Spiel.: "Nicht gut", sagte der Hahn. "Wir müssen die loswerden. Erst dann können wir es uns gut schmecken lassen."

Puppe: "Und wie?", fragte die Katze.

Spiel: Die vier steckten ihre Köpfe zusammen und berieten leise, was denn nun zu tun war.

Puppe: Hier kommt die Lösung: Der Esel musste sich mit den Vorderfüßen auf die Fensterbank stellen. Der Hund sprang auf seinen Rücken.

Spiel.: Die Katze kletterte auf den Hund. Zum Schluss flog der Hahn hoch und setzte sich auf den Kopf der Katze.

Puppe: Auf ein Zeichen fing die Musik an: Der Esel schrie IIh-Ah, der Hund bellte mit tiefer Stimme und die Katze miaute…

(macht Tierstimmen nach)

Spiel.: "… und der Hahn krähte so schrill er konnte.

Puppe: Dann sprangen sie durch das Fenster in die Stube rein. Die Scheiben klirrten. Die Räuber erschraken sich furchtbar. Sie dachten sie würden von einem Gespenst überfallen.

Spiel.: Sie sprangen vom Tisch auf und rannten aus dem Haus hinein in den Wald.

Puppe: „Los kommt: Essen fassen", forderte der Hund die drei anderen auf. Rasch saßen sie am Tisch und futterten, als hätten sie vier Wochen nichts zu fressen bekommen.

Spiel.: Davon wurden sie müde. Sie machten das Licht aus und suchten sich einen Platz zum Schlafen.

Puppe: *(liegt/lehnt sich an Spiel. an)*

Der Esel lag auf dem Misthaufen, der Hund hinter der Tür und die Katze beim Herd. Da war es wegen der Asche schön warm. Das gefiel ihr.

Spiel.: Der Hahn setzte sich auf einen Balken im Dach. Alle vier schliefen schnell ein.

Puppe: Sie schliefen tief und fest. Der Esel schnarchte sogar.

(macht das Schnarchen nach)

Spiel.: Es war spät in der Nacht als die Räuber sahen dass im Haus kein Licht mehr brannte.

Puppe: „Alles ist ruhig!

(zeigt mit Hand geradeaus)

Du, Du gehst da hin und kontrollierst, was dort jetzt los ist", befahl der Räuberhauptmann einem seiner Männer.

Spiel.: Der Räuber schlich sich ins Haus. Es war dort ganz dunkel und still. Er ging in die Küche und wollte ein Licht anmachen.

Puppe: *(imitiert Streichholzanzünden)*

Dazu zückte er ein Streichholz, sah zwei glühende Kohlen beim Herd und wollte dieses dort entzünden.

Spiel.: Allerdings waren es keine Kohlen sondern die leuchtenden Augen der Katze. Als sie das Streichholz im Auge spürte, verstand sie keinen Spaß mehr.

Puppe: *(kratzt mit Hand durch die Luft)*

Sie sprang dem Räuber ins Gesicht, spuckte und kratzte ihn so tief sie konnte. Der Räuber blutete sofort.

Spiel.: Er erschreckte sich gewaltig, rannte weg und wollte zur Hintertür raus aus dem Haus. Dort lag aber der Hund.

Puppe: *(springt hoch/beißt in die Luft)*

Der sprang ihn an und biss ihm sofort kräftig ins Bein.

Spiel.: Der Räuber schrie auf und rannte weiter über den Hof. Dort musste er am Misthaufen vorbei.

Puppe: Auf der Flucht erwischte ihn am Mist der Esel.

(tritt/kickt mit Füßen – so gut es technisch geht)

Er trat ihn mit voller Wucht mit seinem Hinterfuß. Der Räuber schlug der Länge nach hin. Wieder schrie er.

Spiel.: Schnell rappelte er sich auf und rannte weiter. Der Hahn wurde von dem ganzen Krach wach. Er krähte von seinem Balken ein gellend lautes "Kikeriki" hinter dem Räuber her.

Puppe: Seinem Hauptmann berichtete der Räuber sofort. Er sagte: "Chef, in dem Haus sitzt eine grässliche Hexe.

(abwehrende Handbewegungen, kratzen)

Die hat mich angehaucht und mir mit ihren langen Fingern das Gesicht zerkratzt."

Spiel.: „Vor der Tür, da stand ein Mann mit einem Messer", erzählte er weiter. „Er hat mich sofort ins Bein gestochen. Draußen auf dem Hof liegt ein schwarzes Monster. Das hat mich mit einer Keule verprügelt", erzählt der Räuber.

Puppe: „Und das Schlimmste ist: Oben auf dem Dach, da sitzt ein Richter. Er rief "Bringt mir den Schelm her. Klar dass ich abgehauen bin", beendete der Räuber seinen Bericht.

Spiel.: Seit dieser Nacht trauten sich die Räuber nie wieder in das Haus. Den vier Bremer Musikanten gefiel es dort so gut, dass sie für immer dort wohnen wollten.

Puppe: Und wenn sie nicht gestorben sind, dann leben sie dort noch heute.

-Ende-

Die Bremer Stadtmusikanten

Grimms Märchen zum Vorlesen

Es war einmal ein alter Esel. Der konnte nicht mehr so gut ziehen, weil er immer schwächer wurde. Sein Besitzer wollte ihn loswerden. Der Esel bekam Angst und flüchtete Richtung Bremen. Dort wollte er Stadtmusikant werden.

„Auf dem Weg dorthin blieb er nicht lange alleine. Er traf einen Hund, der völlig außer Puste am Wegesrand lag." Was ist denn mit Dir los?", fragte der Esel. Und Pack-an, so hieß der Hund, erzählte ihm seine Geschichte. „Ich bin alt und werde immer langsamer. Weil ich bei der Jagd nicht mehr so gut rennen kann, wollte mich mein Herr totschlagen. Einfach so! Zum Glück bin ich rechtzeitig abgehauen." Und dann fragte er noch woher er jetzt sein Futter bekommen sollte. Doch der Esel hatte einen Tipp. „Weißt Du was?", sagte er. „Komm´ doch mit nach Bremen. Da gehe ich hin und werde dort Stadtmusikant. Komm´ mit! Ich spiele Gitarre und Du haust so richtig auf die Pauke." Das gefiel dem Hund Pack-an und beide trabten weiter Richtung Bremen.

Nach einigen Kilometern sahen sie eine Katze am Wegesrand sitzen. Sie sah ganz erbärmlich aus und hatte bitterlich geweint. „Hallo Stubentiger! Was ist denn heute mit Dir los?", fragte der Esel. „Ach, ich bin alt und langsam. Meine Zähne sind stumpf und nicht mehr spitz. Deshalb klappt es mit dem Mäusefangen nicht mehr so wie früher." „Ja und?", fragte der Hund. „Deshalb wollte mich mein Frauchen ertränken. Aber ich habe mich versteckt und bin dann weggelaufen", erzählte die Katze. „Das hast Du richtig gut gemacht", freute sich der Esel. „Na Du kannst lustig sein – ich weiß jetzt nicht wovon ich fressen soll", beklagte sich die Katze. „Kein Problem! Komm´ mit uns nach Bremen. Wir machen dort Musik. Dafür werden wir schon etwas zu fressen bekommen", behauptete der Esel. Der Katze gefiel der Vorschlag. Nun wanderten sie zu dritt weiter.

Dann kamen sie an einem Bauernhof vorbei. Auf dem Eingangstor saß ein Hahn. Er schrie und krähte so laut er konnte. „So sag´ ich allen, dass es gutes Wetter gibt", berichtete der Hahn stolz. Aber das mache ich nicht mehr lange. „Warum denn?", fragte die Katze. „Morgen ist Sonntag. Da bekommen die Bauern Besuch. Für die Gäste soll die Köchin kochen." "Hmmm, lecker", schmatzte der Hund. Er war ganz hungrig. „Was gibt es denn?" „Hühnersuppe und Hähnchenbraten. Mir wollen sie heuten Abend den Kopf abschlagen. Deshalb schreie ich so, solange ich es noch kann", erklärte der Hahn. „So ein Quatsch. Du kannst nicht hierbleiben. Komm mit uns nach Bremen: Dort werden wir Stadtmusikanten. Du musst hier weg. Ganz schnell", schnaubte der Hund. „Ja, los – etwas Besseres als den Tod findest Du überall", wusste der Esel. Der Hahn war schnell überzeugt. Nun gingen sie alle Vier den Weg nach Bremen. Es war sehr weit. Deshalb mussten sie in einem Wald übernachten. Sie machten es sich unter einem Baum bequem. Nur der Hahn flog hoch oben auf die Äste. Von dort hatte er die beste Aussicht. Nach ein paar Minuten rief der Hahn, dass er in einiger Entfernung ein Licht sehen konnte. Alle vier hatten so richtig Hunger. Sie dachten dort bei dem Licht gebe es etwas zu essen für sie. Deshalb trabten sie los und standen bald vor einem hell erleuchtetem Räuberhaus standen. Der Esel war der Größte. Er stellte sich vors Fenster und schaute rein. „Und, was siehst Du?" fragte der Hahn. „Traumhaft! Einen fein gedeckten Tisch mit saftigem Braten, Gemüse, Salat, Saft, Wasser und Wein. Einfach lecker! Hört Ihr meinen Magen knurren. Ich will da rein!" „Und wer isst das alles?", fragte der Hund. „Ups – Echt finstere Gesellen. Die vier sehen aus wie Räuber", schätze der Esel. „Nicht gut", sagte der Hahn. „Wir müssen die loswerden. Dann können wir es uns gut schmecken lassen." „Und wie?", fragte die Katze. Die vier steckten ihre Köpfe zusammen und berieten leise, was denn nun zu tun war. Hier kommt die Lösung: Der Esel musste sich mit den Vorderfüßen auf die Fensterbank stellen. Der Hund sprang auf seinen Rücken. Die Katze kletterte auf den Hund. Zum Schluss flog der Hahn hoch und setzte sich auf den Kopf der Katze. Auf ein Zeichen fing die Musik an: Der Esel schrie IIh-Ah, der Hund bellte mit tiefer Stimme und die Katze miaute, der Hahn krähte so schrill er konnte. Dann sprangen sie durch das Fenster in die Stube rein. Die Scheiben klirrten. Die Räuber erschraken sich furchtbar. Sie dachten sie würden von einem Gespenst überfallen. Sie sprangen vom Tisch auf und rannten aus dem Haus hinein in den Wald. „Los kommt: Essen fassen“, forderte der Hund die drei anderen auf. Rasch saßen sie am Tisch und futterten, als hätten sie vier Wochen nichts zu fressen bekommen.

Davon wurden sie müde. Sie machten das Licht aus und suchten sich einen Platz zum Schlafen. Der Esel lag auf dem Misthaufen, der Hund hinter der Tür und die Katze beim Herd. Da war es wegen der Asche schön warm. Das gefiel ihr. Der Hahn setzte sich auf einen Balken im Dach. Alle vier schliefen schnell ein.

Es war spät in der Nacht als die Räuber sahen dass im Haus kein Licht mehr brannte. „Alles ist ruhig! Du, Du gehst da hin und kontrollierst, was dort jetzt los ist“, befahl der Räuberhauptmann einem seiner Männer. Der Räuber schlich sich ins Haus. Es war dort ganz dunkel und still. Er ging in die Küche und wollte ein Licht anmachen. Dazu zückte er ein Streichholz, sah zwei glühende Kohlen beim Herd und wollte dieses dort entzünden. Allerdings waren es keine Kohlen sondern die leuchtenden Augen der Katze. Als sie das Streichholz im Auge spürte, verstand sie keinen Spaß mehr. Sie sprang dem Räuber ins Gesicht, spuckte und kratzte ihn so tief sie konnte. Der Räuber blutete sofort. Er erschreckte sich gewaltig, rannte weg und wollte zur Hintertür raus aus dem Haus. Dort lag aber der Hund. Der sprang ihn an und biss ihm sofort kräftig ins Bein. Der Räuber rannte weiter über den Hof. Dort musste er am Misthaufen vorbei. Auf der Flucht erwischte ihn am Mist der Esel. Er trat ihn mit voller Wucht mit seinem Hinterfuß. Der Räuber schlug der Länge nach hin. Schnell rappelte er sich wieder auf und rannte weiter. Der Hahn wurde von dem ganzen Kracht wach. Er krähte von seinem Balken ein gellend lautes "Kikeriki" hinter dem Räuber her.

Seinem Hauptmann berichtete der Räuber sofort. Er sagte: "Chef, in dem Haus sitzt eine grässliche Hexe. Die hat mich angehaucht und mir mit ihren langen Fingern das Gesicht zerkratzt." „Vor der Tür, da stand ein Mann mit einem Messer", erzählte er weiter. „Er hat mich sofort ins Bein gestochen. Draußen auf dem Hof liegt ein schwarzes Monster. Das hat mich mit einer Keule verprügelt", erzählt der Räuber. „Und das Schlimmste ist: Oben auf dem Dach, da sitzt ein Richter. Er rief "Bringt mir den Schelm her. Klar dass ich abgehauen bin", beendete der Räuber seinen Bericht.

Seit dieser Nacht trauten sich die Räuber nie wieder in das Haus. Den vier Bremer Musikanten gefiel es dort so gut, dass sie für immer dort wohnen wollten. Und wenn sie nicht gestorben sind, dann leben sie dort noch heute.

-Ende-

Märchen-Raten

Dieses Märchen-Raten können Sie an jeder Stelle Ihrer Aktivierung einbauen oder sogar eigenständig anbieten und durchführen. In diesem Rahmen serviere ich Ihnen lediglich einige Beispiele. Weitere können Sie sich selbst ausdenken.

Rotkäppchen

Puppe: **Wie heißt das bekannte Märchen, bei dem ein rotes Käppchen eine Rolle spielt?**

(Bei richtiger Antwort loben)

Genau. Spannend ist das mit dem Wolf, der einfach die Großmutter und das Rotkäppchen gefressen hat, oder?

(Bei falscher oder keiner Antwort Märchen kurz zusammenfassend mit zwei-drei Sätzen erzählen)

Froschkönig

Puppe: **Wie heißt das bekannte Märchen, bei dem ein Frosch eine goldene Kugel einer Prinzessin aus einem Brunnen heraus holt?**

(Bei richtiger Antwort loben)

Genau. Und dann wollte der Frosch für immer bei der Prinzessin leben.

(Bei falscher oder keiner Antwort Märchen kurz zusammenfassend mit zwei-drei Sätzen erzählen)

Die Bremer Stadtmusikanten

Puppe: **Wie heißt das bekannte Märchen, bei dem mehrere Tiere nach Bremen wandern wollen um dort gemeinsam Musik zu machen?**

(Bei richtiger Antwort loben)

Toll, richtig. Und dann kamen die bösen Räuber und hatten keine Chance gegen die Musikanten.

(Bei falscher oder keiner Antwort Märchen kurz zusammenfassend mit zwei-drei Sätzen erzählen)

Hänsel und Gretel

Puppe: **Wie heißt das bekannte Märchen, bei dem Bruder und Schwester im dunklen Wald gegen eine Hexe kämpfen?**

(Bei richtiger Antwort loben)

Ja, völlig richtig. Die Hexe wollte Hänsel sogar aufessen.

(Bei falscher oder keiner Antwort Märchen kurz zusammenfassend mit zwei-drei Sätzen erzählen)

Der Wolf und die sieben Geißlein

Puppe: **Wie heißt das bekannte Märchen, bei sieben Geißlein von einem Wolf bedroht werden?**

(Bei richtiger Antwort loben)

Ja, gut geraten. Das kleinste Geißlein konnte der Mutter verraten, was passiert war. Der Wolf hatte es in der großen Uhr nicht gefunden.

(Bei falscher oder keiner Antwort Märchen kurz zusammenfassend mit zwei-drei Sätzen erzählen)

Vom Fischer und seiner Frau

Puppe: **Wie heißt das bekannte Märchen, in dem die Frau eines Fischers nie genug bekommen kann?**

(Bei richtiger Antwort loben)

Ja, prima. Am Ende des Märchens saß die Frau wieder in der alten Fischerhütte.

(Bei falscher oder keiner Antwort Märchen kurz zusammenfassend mit zwei-drei Sätzen erzählen)

Das tapfere Schneiderlein

Puppe: **Wie heißt das bekannte Märchen, in dem ein Schneider Fliegen erschlägt?**

(Bei richtiger Antwort loben)

Ja, prima geraten. Und alle hatten Furcht vor dem Schneiderlein, weil sie „Sieben auf einen Streich" falsch verstanden hatten.

(Bei falscher oder keiner Antwort Märchen kurz zusammenfassend mit zwei-drei Sätzen erzählen)

Aschenputtel

Puppe: **Wie heißt das bekannte Märchen, in dem ein Mädchen in altem Kleid Asche aus dem Ofen sammeln muss?**

(Bei richtiger Antwort loben)

Ja, toll gemacht. Und später hat sie doch Glück gehabt und ihren Prinzen gefunden.

(Bei falscher oder keiner Antwort Märchen kurz zusammenfassend mit zwei-drei Sätzen erzählen)

Der Teufel mit den drei goldenen Haaren

Puppe: **Wie heißt das bekannte Märchen, in dem drei goldene Haare eine Rolle spielen?**

(Bei richtiger Antwort loben)

Ja, richtig toll. Und am Ende wurde aus dem König für immer ein armer Fährmann.

(Bei falscher oder keiner Antwort Märchen kurz zusammenfassend mit zwei-drei Sätzen erzählen)

Frau Holle

Puppe: **Wie heißt das bekannte Märchen, in dem eine Frau es durch das Kissenaufschütteln auf der Welt schneien lässt?**

(Bei richtiger Antwort loben)

Ja, richtig toll. Und am Ende bekam die Faule ihr Pech weg.

(Bei falscher oder keiner Antwort Märchen kurz zusammenfassend mit zwei-drei Sätzen erzählen)

Tischlein deck dich

Puppe: **Wie heißt das bekannte Märchen, in dem eine Ziege sagt „Ich bin so satt, ich mag kein Blatt, mäh, mäh, mäh?"**

(Bei richtiger Antwort loben)

Ja, prima geraten. Und am Ende jagte die Ziege einem Fuchs noch gehörig Angst ein.

(Bei falscher oder keiner Antwort Märchen kurz zusammenfassend mit zwei-drei Sätzen erzählen)

Schneewittchen

Puppe: **Wie heißt das bekannte Märchen, in dem ein Mädchen in einer Kiste aus Glas schläft?**

(Bei richtiger Antwort loben)

Ja, sehr gut geraten. Und am Ende geht es doch prima für sie aus.

(Bei falscher oder keiner Antwort Märchen kurz zusammenfassend mit zwei-drei Sätzen erzählen)

Schneeweißchen und Rosenrot

Puppe: **Wie heißt das bekannte Märchen, in dem zwei Rosenbäumchen eine Rolle spielen?**

(Bei richtiger Antwort loben)

Ja, gut geraten. Und zum Schluss heiraten Schneeweißchen und Rosenrot ihre Liebsten.

(Bei falscher oder keiner Antwort Märchen kurz zusammenfassend mit zwei-drei Sätzen erzählen)

Rapunzel

Puppe: **Wie heißt das bekannte Märchen, in dem ein Mädchen im Turm wohnt und ganz lange Haare hat?**

(Bei richtiger Antwort loben)

Ja, fein geraten. Und zum Schluss kommt Rapunzel wieder mit ihrem Königssohn zusammen.

(Bei falscher oder keiner Antwort Märchen kurz zusammenfassend mit zwei-drei Sätzen erzählen)

Dornröschen

Puppe: **Wie heißt das bekannte Märchen, in dem ein Mädchen für 100 Jahre hinter einer Dornenhecke schläft?**

(Bei richtiger Antwort loben)

Ja, fein geraten. Und zum Schluss wachen alle wieder auf und Dornröschen heiratet ihren Königssohn.

(Bei falscher oder keiner Antwort Märchen kurz zusammenfassend mit zwei-drei Sätzen erzählen)

Über den Autor
Mehr als zehn Jahre Bühnenerfahrung

Neben Kinderarmut, Krebs und Ungerechtigkeit bei der Verteilung der finanziellen Mittel in der Weltbevölkerung stellen sich für mich die Krankheiten Alzheimer und Demenz als künftig immer mehr zunehmende Bedrohung für die Menschen dar. Dies betrifft die Erkrankten UND ihre Pflegerinnen und Pfleger in Einrichtungen. Ganz besonders groß sind die Belastungen auch für die pflegenden Angehörigen Daheim.

Als ich die Worte „In unserer Gesellschaft bleibt uns nichts anderes übrig, als dement zu werden" des bekannten Neurobiologen Dr. Gerald Hüther in einem Vortrag hörte, erkannte ich das Ausmaß dessen, was in den kommenden Jahren diesbezüglich auf unsere Gesellschaft zukommen wird. Ich beschloss mich einzubringen, zu helfen. Doch das „Was" und „Wie" war mir anfänglich nicht klar. Was brachte ich dazu schon besonderes mit? O.K.: Ein Jahrzehnt Theatererfahrung mit eigener Bühne in Berlin, Schattenspiel und Lesungen in Schleswig-Holstein, eigene Bearbeitung von Märchenstücken, recht gute Kompetenz im Figurenbau, solide Programmierkenntnisse in Java und Python, ausgeprägtes technisches und elektronisches Verständnis und letztendlich – ich vergaß es fast – ein abgeschlossenes Studium der Soziologie und Psychologie. „Damit muss doch etwas zu machen sein", dachte ich mir.

Die Turbulenzen meiner Arbeitsbiografie ließen mein Ansinnen vorerst in den Hintergrund treten.

Lange Jahre war ich als Dozent, Coach und Lehrer im Einsatz für Menschen. Erneut Kontakt aufgenommen haben das Thema „Demenz" und ich vor einigen Jahren. Ich war verantwortlich für die berufliche Weiterentwicklung von Menschen, die sich beruflich verändern wollten. Im Angebot war auch die Schulung als Betreuungskraft nach §53c SGB XI. Selbstverständlich informierte ich mich genau über Lerninhalte und Berufschancen und – Schwupps – da war mein Thema wieder.

Nach umfangreichen Recherchen wuchs mein Plan schneller als ich Mind-maps und Notizen schreiben konnte. Dann stand mein Konzept für die Werkstatt für Therapiepuppen und Märchen endlich fest.

Therapiepuppen und Märchen
Darstellung meines Werkstattprojekts

Entwickelt werden im Projekt Therapiepuppen und einfache Handpuppen mit Spielanleitungen für Betreuer. Großes Fernziel sind intelligente Figuren für Erkrankte zum Liebhaben, die gleichzeitig z.B. auch den Zustand des Elektroherdes überwachen können oder erzählen können. Angeregt wurde ich dazu durch die Demenzpuppe Seerobbe Robby. Hier gibt es bei mir im Projekt seit Mitte des Jahres 2017 erste Erfolge, die allerdings noch nicht serienreif und öffentlich sind.

Das weitere Angebot erstreckt sich über 10-Minuten-Aktivierung für Senioren mit großen Handpuppen, auf demenzgerechte Märchenerzählungen, Erfindung von Nestelprodukten wie Decken, Kissen und Spielen, die Erarbeitung von Literatur (wie z.B. dieser Publikation hier) sowie die Durchführung von Kursen zur Anleitung des Puppenspiels mit großen Handpuppen und Wendepuppen. Selbstverständlich kommt der Märchenerzähler auch zu Kinderveranstaltungen und Stadtfesten aller Art.

Bei allen Einsätzen im Zusammenhang mit Demenz ist es wichtig, dass ich über Kenntnisse dieser Erkrankungen und der bestehenden Hygienevorschriften verfüge.

50

Surftipps zu meinen Webseiten
Therapiepuppen, Märchen und Demenz

Jeder, der Zugang zum Internet hat, kann sich über die Themen Märchen, Demenz und Therapiepuppen umfassend informieren. Internetbuchhändler liefern über Märchen und Märchenerzählen zahlreiche Treffer. Eigentlich standen hier Surftipps über vier Seiten und sechs Seiten mit passender Literatur.

Schließlich habe ich alles gelöscht und beschränke mich nun auf zwei Internetadressen, die unmittelbar mit mir zu tun haben. Zum einen ist es mein Blog mit Informationen zur Kommunikation mit Demenzerkrankten und die Rolle von Puppen **http://hilfe-bei-demenz.blogspot.com.** Diesen Blog füttere ich nach Möglichkeit wöchentlich mit Texten, damit meine Leser auf dem neuesten Stand sein können.

Der zweite Tipp bezieht sich auf meine Projekt-Homepage **http://www.therapiepuppen-und-maerchen.de.** Hier finden Sie alle Informationen über Vergangenheit und Zukunft meiner Werkstatt für Therapiepuppen und Märchen. Zusätzlich stehen dort auch meine Kontaktdaten, falls Sie mich als Märchenerzähler oder Kursleiter für das Spiel mit großen Handpuppen engagieren wollen. Von dort gibt es auch einen direkten Verweis zum Blog.

Ich freue mich auf Ihren Besuch in der digitalen Welt!

Woher kommen die Puppen?
Bezugsmöglichkeiten für große Handpuppen

Nachfolgend finden Sie drei Hersteller, die große Handpuppen herstellen.

Beachten Sie bitte beim Puppenkauf die Größe Ihrer Hände. Ich empfehle Ihnen den Kauf einer Puppe mit einer Mindestkörpergröße von 60 cm.

Es existieren auch Modelle mit nur 35cm Körpergröße. Diese sind sicherlich für Menschen mit kleinen Händen (Kinder z.B.) sehr gut spielbar. Menschen mit großen Händen - so wie ich es bin - haben damit wahrscheinlich Probleme.

FOLKMANIS PUPPETS®
Europe
Jochen Heil
Am Haag 11 c
97234 Reichenberg
http://www.folkmanis-and-more.de

Living Puppets®
Matthies Spielprodukte GmbH & Co. KG
Kurt A. Körber Chaussee 64
21033 Hamburg
http://www.living-puppets.de

The Puppet Company Ltd.
Units 2-4 Cam Centre
Wilbury Way
Hitchin, Hertfordshire, SG4 oTW, UK
http://www.thepuppetcompany.com

Literaturverzeichnis
Tipps zum Weiterlesen

Bettelheim, Bruno; Kinder brauchen Märchen. 4. Auflage, Stuttgart 1980

Cameron, Julia; Der Weg des Künstlers. Ein spiritueller Pfad zur Aktivierung unserer Kreativität, München 2000

Gauda, Gudrun; Theorie und Praxis des therapeutischen Puppenspiels. Lebendige Psychologie C.G. Jungs, Dortmund 2001

Johnstone, Keith; Improvisation und Theater. Die Kunst, spontan und kreativ zu agieren, 8. Auflage, Berlin 2006

Möller, Olaf; Große Handpuppen ins Spiel bringen: Technik, Tipps und Tricks für den kreativen Einsatz in Kindergarten, Schule, Familie und Therapie, Ökotopia Verlag, Münster 5. Auflage 2011

Möller, Olaf; Starke Stücke für Große Handpuppen: Spielideen für Kindergarten, Schule, Familie und Therapie, Ökotopia Verlag, Münster 1. Auflage 2013

Steinmann, P.K.; Die Theaterfigur auf der Hand. Grundlagen und Praxis, Frankfurt 2004

Notizen: